an

Programme de
six semaines

JOLIES JAMBES

VIGOT

En cas de problèmes de santé, si vous suivez un traitement, relevez d'un accident ou d'une maladie ou si vous n'avez pratiqué aucun sport depuis plus d'un an, demandez conseil à votre médecin avant de démarrer un programme d'entraînement quel qu'il soit.

Bien que les conseils et indications figurant dans le présent ouvrage soient considérés comme pertinents et d'actualité, ils ne sont fournis qu'en tant que tels et ne sauraient en aucun cas se substituer à l'avis d'un professionnel de santé. L'auteur et les éditeurs déclinent toute responsabilité en cas de traumatisme causé par les exercices préconisés ou les conseils prodigués dans cet ouvrage, le lecteur reste seul responsable.

Traduit de l'anglais par Annie Joyaux

Pour l'édition originale parue sous le titre *Anita Bean's Six Week Workout : Lovely Legs*

© 2005, A & C Black Publishers Ltd, 37 Soho Square, London W1D 3QZ.

Pour la présente édition :
© 2006, Éditions Vigot, 23, rue de l'École-de-Médecine, 75006 Paris – France.
ISBN 2-7114-1803-0 – dépôt légal : janvier 2006
Imprimé en Italie par Bona

Sommaire

Remerciements

Merci à mon mari Simon et à mes filles Chloe et Lucy pour leur aide. Un grand merci au photographe Grant Pritchard, à Steve Tunstall (www.stpersonaltraining.co.uk) entraîneur personnel pour ses démonstrations et à mes éditeurs A & C Black, Claire Dunn et Hannah McEwen.

Les photos ont été prises au club Holmes Place d'Epsom.

Avant-propos

Un peu comme la fièvre acheteuse ou la passion du chocolat, le rêve d'avoir des jambes plus sexy et plus fines est parmi les mieux partagés. La grande nouvelle c'est que peu importe la longueur des vôtres, il est possible d'améliorer leur aspect de façon radicale. Le secret c'est l'indissociable duo gymnastique et régime.

Il est vraiment injuste que le surpoids chez les femmes se localise générale-ment sur les hanches et les cuisses, d'où la fameuse forme de poire. Même quand on arrive à maigrir d'ailleurs, hanches et cuisses restent souvent molles. Pire, cette surcharge prend la forme d'une « peau d'orange » gaufrée et flasque que l'on appelle la cellulite. D'après une étude 95 pour cent des femmes de plus de 30 ans déclarent avoir de la cellulite. Il semblerait que même les femmes minces et sportives n'y échappent pas. Les stars elles-mêmes en sont affligées.

Le secret de cuisses fermes et toniques tient à un programme en trois points :

- L'entraînement cardiovasculaire (CV) pour brûler les graisses (y compris la cellulite) et stimuler le système cardiovasculaire.

- Un réel travail musculaire avec des exercices comme les squats et les fentes pour augmenter la tonicité des muscles.

- Un régime alimentaire équilibré pour améliorer l'état général.

Au cours des six prochaines semaines vous allez associer des exercices cardiovasculaires (pour brûler les graisses) à des exercices de tonification des jambes. Certains s'effectuent avec des appareils, mais un bon nombre sont faisables à la maison avec un minimum de matériel, comme un ballon ou une paire d'haltères légers. À la fin de chaque séance vous consacrerez quelques instants à des mouvements d'étirement pour allonger vos muscles et entretenir votre souplesse.

Il s'agit d'un programme progressif de mise en forme durable. Vous apprendrez chaque semaine de nouveaux exercices et travaillerez différemment. Vos muscles seront ainsi constamment sollicités et vous resterez motivée. Respectez bien ce programme et dans six semaines vos jambes seront plus jolies que jamais.

1 Compte à rebours

Avant d'attaquer ce programme de six semaines il vous faut savoir quels sont les moments les plus propices à l'exercice physique, comment effectuer chaque mouvement et quel est le nombre de séances nécessaires à l'obtention de résultats optimums. Vous trouverez dans ce chapitre des astuces essentielles et des réponses aux questions le plus souvent posées sur le travail des jambes.

Vos jambes

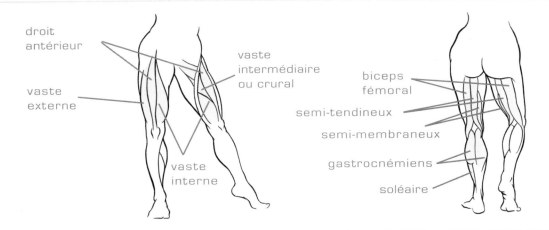

droit
antérieur

vaste
externe

vaste
intermédiaire
ou crural

vaste
interne

biceps
fémoral

semi-tendineux

semi-membraneux

gastrocnémiens

soléaire

Les muscles de la jambe

Le muscle à l'avant de la cuisse, connu sous le nom de quadriceps, se décompose en quatre parties :

1   Le muscle **droit antérieur** est visible en levant la jambe légèrement vers l'avant.

2   Le muscle **vaste externe** descend le long de la face externe de la cuisse et est visible côté externe du genou.

3   Le muscle **vaste interne** descend le long de la face interne de la cuisse et du droit antérieur et se voit côté interne du genou lorsque la jambe est tournée vers l'extérieur.

4   Le muscle **crural** ne se voit pas directement car il se situe sous les autres muscles.

Ces muscles ont pour fonction l'extension du genou. Le droit antérieur permet de lever la cuisse vers l'avant par flexion de la hanche.

Les principaux muscles situés à l'intérieur des cuisses sont les trois **muscles adducteurs** – le petit adducteur, le long adducteur et le grand adducteur – qui permettent de rapprocher les jambes l'une de l'autre, et les muscles situés à l'extérieur des cuisses – le petit abducteur et le moyen abducteur – qui permettent d'éloigner les jambes l'une de l'autre.

Les muscles de l'arrière de la cuisse – les **ischio-jambiers** – sont le biceps fémoral (chefs long et court), le semi-tendineux et le semi-membraneux. Ils ont deux fonctions : flexion du genou et extension de la hanche (en tirant la cuisse vers l'arrière).

Les **mollets** comportent les muscles **gastrocnémiens** et le muscle **soléaire**. Les gastrocnémiens, plus volumineux, sont situés juste au-dessus du soléaire. Ils sont actionnés lorsque la jambe est en extension, et saillants lorsqu'on est sur la pointe des pieds. Ils ont pour fonction l'extension de la cheville (flexion plantaire), pointes de pieds tendues, ils participent aussi à la flexion du genou.

Le soléaire est un muscle large, plat, qui participe à l'extension de la cheville. Il vient de l'arrière du tibia et de la partie haute du péroné, il est sollicité lorsque le genou est fléchi à 90 degrés.

Conseils d'entraînement

S'entraîner l'estomac vide

Pratiqué au saut du lit, l'estomac vide, l'entraînement CV permet de brûler plus de graisse qu'à tout autre moment de la journée. Les taux d'insulines sont alors au plus bas et ceux de glucagon sont au plus haut. L'organisme va donc puiser son énergie dans les réserves de graisse, tandis qu'après manger, il va la puiser dans ce qui a été consommé. En commençant la journée par de l'exercice on donne un coup de fouet à son métabolisme et de ce fait on brûle davantage de calories le reste de la journée.

Éviter entraînement CV et musculation le même jour

Que l'on souhaite étoffer sa masse musculaire ou brûler des graisses, il est recommandé de ne pas pratiquer entraînement CV et musculation le même jour. Certaines études ont en effet montré que la dépense énergétique globale était supérieure si l'entraînement CV et la musculation n'étaient pas pratiqués le même jour. Par ailleurs, chaque fois que l'on s'entraîne, on stimule son métabolisme – donc s'entraîner presque tous les jours accélère la dégradation des graisses. Mais si l'on doit effectuer les deux au cours d'une même séance, il vaut mieux commencer par la musculation lorsque les réserves de glycogène sont élevées.

En faisant le contraire, on risque de gagner moins en force et en masse musculaire.

Travailler doucement

Tous les exercices de tonification se font lentement et en contrôlant bien son mouvement. De cette façon on augmente l'intensité de la contraction et on réduit les risques de traumatisme. Il vaut mieux travailler lentement, faire des mouvements puissants et contrôlés, maintenir la contraction en comptant jusqu'à deux, plutôt que d'être expéditif pour faire davantage de répétitions. Se conformer au nombre de répétitions préconisé. Celles qui se sentent capables d'en exécuter davantage doivent ralentir leur rythme ou prendre des charges plus importantes pour augmenter la difficulté. Dès que l'exercice devient pénible (à ne pas confondre avec la véritable douleur), il faut passer au suivant.

On rentre le ventre !

Les muscles du ventre (les abdominaux) doivent rester contractés en permanence. Il s'agit d'enfoncer doucement le nombril vers la colonne vertébrale en maintenant son bas-ventre aussi plat que possible – sans provoquer trop de tensions et sans couper sa respiration. Le dos doit être maintenu constamment en position neutre - c'est-à-dire qu'il faut conserver sa courbe naturelle en 'S'.

Posture correcte

Pour trouver sa position neutre, toutes les articulations placées correctement les unes par rapport aux autres, il faut tenir debout, pieds écartés de la largeur du bassin, genoux souples. On relâche complètement les épaules. On étire le dos et le cou : imaginez qu'un ressort est fixé au sommet de votre crâne et vous tire vers le plafond. On contracte les abdominaux en enfonçant le nombril vers la colonne vertébrale. On corrige la bascule du bassin pour qu'il soit en position neutre.

Travailler à fond

Il est recommandé d'exécuter chaque exercice en faisant des mouvements de grande amplitude, qui fassent vraiment travailler les muscles.

Respirer correctement

Il faut inspirer pendant la phase facile du mouvement et expirer pendant la contraction (la phase difficile du mouvement).

Travailler les jambes deux ou trois fois par semaine

Il n'est pas nécessaire de travailler les jambes plus de deux ou trois fois par semaine. S'entraîner davantage ne donnerait pas de meilleurs résultats et présenterait en revanche un danger de surentraînement et de traumatismes. Il est inutile de reprendre l'entraînement des jambes tant qu'elles sont douloureuses.

La clé réside dans la diversité

Il est recommandé de faire un maximum d'exercices différents pour que tous les groupes de muscles soient ciblés et éviter de prendre trop d'habitudes. Les six programmes du présent ouvrage sont la garantie que vous travaillerez chacun des muscles de vos jambes avec efficacité.

Q & R - *questions fréquentes*

Bien que je marche beaucoup, j'ai de la cellulite. Est-ce différent de la graisse ordinaire et comment m'en débarrasser ?

Sachez que 85 pour cent des femmes en sont affectées, et plus de 95 % des plus de 30 ans. La cellulite est simplement de la graisse. Plus précisément, c'est de la graisse stockée juste sous la peau. La raison pour laquelle elle a une apparence gaufrée et bosselée c'est qu'elle est quadrillée d'un treillis de fibres de collagène qui ne remplit pas bien son rôle de soutien des cellules graisseuses. C'est ce qui lui confère cet aspect caractéristique. Ce phénomène affecte davantage les femmes que les hommes, d'une part du fait de leur taux d'œstrogènes plus élevé, lequel favorise le stockage de graisse sur les membres inférieurs, d'autre part chez elles les fibres de collagène sont moins résistantes.

La sédentarité et une alimentation trop riche jouent aussi un rôle majeur dans la formation de la cellulite. La marche permet de brûler les graisses mais si vous ne faites pas attention à votre alimentation vous risquez de continuer à prendre du gras. La pratique d'exercices CV intenses permet de brûler davantage de calories et de stimuler le flux sanguin et la circulation lymphatique. Le fait d'ajouter des exercices de tonification (de résistance) permet d'entretenir voire d'étoffer les muscles, ce qui stimule les fibres de collagène de la peau et prévient la peau d'orange. En suivant simultanément un régime équilibré et en contrôlant vos apports énergétiques, vous devriez être en mesure de vous débarrasser de cette cellulite.

Au secours - mon corps à la forme d'une poire ! Mon buste est menu et tout mon surpoids est localisé sur mes hanches et mes cuisses. Comment puis-je éliminer la graisse concentrée sur ces zones ?

Les femmes ont tendance à stocker les graisses sur les hanches et les cuisses en raison d'un taux d'œstrogènes plus élevé. Malheureusement, il est impossible de faire fondre la graisse localement, mais le fait de bouger davantage et de contrôler ses apports caloriques permet de réduire la masse graisseuse globale. En brûlant 300 calories supplémentaires par jour (soit 30 minutes de vélo) et en réduisant de 200 calories (soit l'équivalent de deux biscuits au chocolat) votre apport énergétique vous allez perdre 500 g de graisse par semaine soit 2 kg par mois. Les exercices de ce programme de six semaines vont vous permettre de raffermir les muscles de vos jambes, tout en réduisant votre tour de cuisses et de hanches.

J'ai peur d'avoir de grosses cuisses si je travaille avec des poids.

Rien à craindre ! Ce programme de six semaines tonifie plus qu'il n'étoffe les muscles. Vos muscles vont se raffermir, sans se développer. Le fait d'ajouter des poids légers ou moyens n'augmente pas la taille des muscles. Pour développer sa musculature il faut utiliser des poids très lourds pendant un temps beaucoup plus long.

Comment affiner mes mollets ?

Chez une femme un mollet musclé est très sexy, alors ne vous en faites pas ! Le seul moyen de réduire le volume d'un muscle est de moins le faire travailler. Sautez des exercices comme les élévations des mollets.

J'ai des jambes plutôt fines mais peu toniques. Comment puis-je les raffermir ?

Vous pouvez raffermir vos jambes en faisant les exercices qui ciblent les principaux groupes de muscles des jambes. Les exercices de ce programme de six semaines permettent de travailler sur l'amplitude totale des muscles, et des études ont montré que c'était la meilleure façon de les tonifier. Évitez les mouvements étriqués ou incomplets. Si vous vous en tenez à ce programme vous raffermirez vos jambes en un rien de temps !

Je pratique la course à pied mais mes cuisses et mes mollets me désolent - comment faire pour les développer ?

Ce problème est fréquent chez les coureurs de fond, ce sport ne développant pas la musculature (la course à haute dose brûle graisse et muscles). Pour vous tonifier, vous devez faire des exercices comme les squats et les fentes qui font travailler les groupes de grands muscles et galbent les jambes. Courez moins pour éviter la fonte musculaire et augmentez vos apports protidiques quotidiens - au moins trois portions de viande maigre, poisson, volaille, haricots, lentilles, produits laitiers ou autres sources de protéines végétales.

2 Dégradation des graisses

Ce programme d'entraînement cardiovasculaire (CV) de six semaines vise à brûler les graisses (et la cellulite) et à modeler des jambes plus fines et mieux dessinées. Il va en même temps améliorer votre endurance aérobique et votre santé cardiaque.

La première partie de chaque séance est consacrée à l'entraînement cardio-vasculaire visant à brûler les graisses et améliorer la forme. Elle se décompose en échauffement, exécution et récupération :

- **L'échauffement** élève la température corporelle, et prépare à des exercices plus intenses en réduisant les risques de traumatismes.
- **L'exécution des exercices CV** doit durer au moins 20 minutes. Il faut augmenter chaque semaine la difficulté pour constamment améliorer sa forme. Vous pouvez au choix : augmenter le nombre de séances hebdomadaires (sans excéder cinq) ; augmenter la durée des séances (sans excéder une heure) ; augmenter l'intensité, c'est-à-dire la vitesse ou la résistance des appareils ; opter pour l'entraînement fractionné (cf. page 11).
- La **récupération** permet à votre température, vos muscles et votre circulation de retourner à la normale. Si vous vous arrêtez trop brutalement vous risquez vertiges voire étourdissements.

Guide d'entraînement CV

Choisir son activité

Toute activité qui sollicite les groupes de grands muscles et qui peut être soutenue pendant au moins 20 minutes tout en maintenant votre fréquence cardiaque dans les zones cibles (cf. page 10) compte. Les tapis de marche, tapis de course, vélo elliptique, rameur, vélo d'intérieur sont recommandés puisqu'ils permettent de brûler les calories tout en tonifiant les muscles des jambes.

N'oubliez pas que plus la résistance est élevée plus le travail est efficace, donc plus vous augmentez l'inclinaison du tapis de course ou la résistance de l'appareil plus vous travaillez pour avoir de jolies jambes. Faites le point de tout ce qui concerne l'organisation comme le moment d'un exercice, son objectif, le degré de résistance ainsi que tous les facteurs susceptibles de favoriser l'obtention des résultats souhaités (demandez conseil à un moniteur).

Essayez de varier les activités CV de façon à solliciter différents groupes musculaires et à ne pas vous ennuyer.

Le saviez-vous ?

D'après le Dr James Rippe, éminent cardiologue américain, une marche rapide de 45 minutes quatre fois par semaine peut faire perdre jusqu'à 40 kg de graisse en un an.

Utiliser les zones cibles de la fréquence cardiaque

Assurez-vous que vous travaillez efficacement et sans danger en utilisant les zones cibles de votre fréquence cardiaque. C'est une façon de mesurer l'intensité de votre effort. Pour commencer, il faut estimer votre fréquence cardiaque maximale (FCM) en soustrayant votre âge de 220. Par exemple, si vous avez 30 ans, votre FCM est de 220-30 = 190 battements par minute (bpm). Reportez-vous au guide des zones cibles de la fréquence cardiaque, page 10, pour déterminer dans quelle zone vous vous situez. Chaque zone représente un pourcentage de votre FCM. Optez soit pour le rythme continu soit pour le rythme fractionné en fonction de votre niveau de pratique.

Les trois modes d'entraînement permettent de brûler les graisses et de se raffermir même si le mode le plus intensif est plus efficace.

Contrôler son rythme cardiaque

Le meilleur moyen de contrôler son rythme cardiaque pendant l'entraînement est d'utiliser un cardio-fréquencemètre, ou de prendre son pouls manuellement. Prenez votre pouls à intervalles réguliers pendant 10 secondes au poignet ou au cou et multipliez ce nombre par six (ce qui vous donne votre fréquence cardiaque par minute). Vérifiez la zone cible de FCE dans laquelle vous vous situez (cf. page 10).

Contrôle de l'intensité d'après l'effort perçu

Si vous n'avez pas de cardio-fréquencemètre et si vous avez du mal à prendre votre pouls, vous pouvez utiliser l'effort perçu (EP) au lieu de la FCE pour vérifier l'intensité de votre effort CV. Il s'agit de l'évaluation subjective de l'intensité que vous ressentez (cf. page 11) d'après une échelle de 1 (aucun effort) à 10 (effort maximum). Ce système est étroitement lié à la FCE de sorte que si vous travaillez au niveau 6 d'EP vous êtes à 60 pour cent de votre FCM.

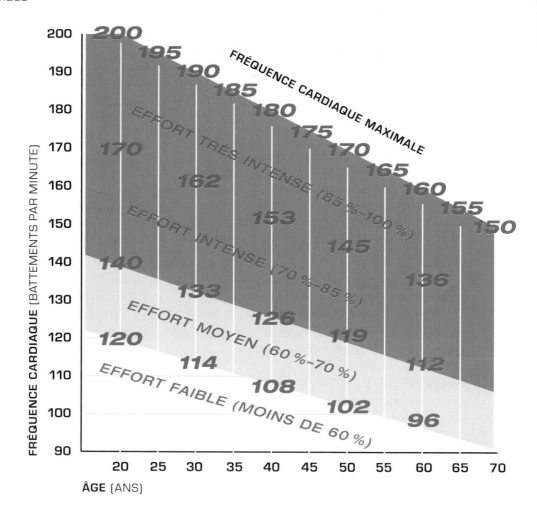

MESURE DE L'EFFORT PERÇU (MEP)

Au repos	1	FC absence d'effort
Fatigue légère – station assise	2	FC absence d'effort
Fatigue légère – promenade	3	FC absence d'effort
Fatigue modérée – marche de santé	4	FC absence d'effort
Fatigue modérée – marche rapide	5	FC absence d'effort
Fatigue assez intense – jogging	6	60 % de la FCM
Fatigue intense – course à pied, respiration plus difficile	7	65–75 % de la FCM
Fatigue très intense – course à pied, conversation à peine possible	8	80 % de la FCM
Fatigue très très intense – course de vitesse, conversation possible	9	85 % de la FCM
Effort maximum – impossible de parler	10	FCM

Entraînement fractionné

En alternant les phases courtes de travail de grande intensité et les phases de récupération active, on augmente la dépense énergétique. Cela aide aussi à brûler après davantage de calories. Selon une étude américaine l'alternance travail intensif et récupération active accélère votre métabolisme pendant 18 heures après l'entraînement. Cette méthode est plus efficace que le travail en continu pour la forme et le renforcement du cœur et des poumons. Mais l'entraînement fractionné ne s'adresse qu'aux pratiquants confirmés. Les débutants doivent commencer par travailler en continu pour acquérir le niveau nécessaire.

L'entraînement fractionné peut s'appliquer à n'importe quel type d'entraînement CV - course à pied, vélo, vélo d'appartement, tapis de marche, exerciseur elliptique ou tout autre appareil d'entraînement CV. Alternez les accélérations du rythme (en augmentant par ex. la vitesse ou la résistance de l'appareil) avec des phases de récupération active.

Comment démarrer

Accélérez le rythme ou augmentez la résistance de votre appareil jusqu'à atteindre votre MPE. Vous devez vous sentir légèrement essoufflée mais en forme (vous pouvez prononcer des phrases courtes).

TECHNIQUE DU VÉLO ELLIPTIQUE

- Tenez-vous bien droite - dos en position neutre et abdominaux contractés (vérifiez dans une glace)
- Laissez tomber les épaules, en arrière.
- Regardez droit devant vous, pas vos pieds. Levez la tête.
- Vérifiez que votre poids est uniformément réparti et plutôt sur la partie inférieure de votre corps.
- Détendez-vous et travaillez en souplesse pendant tout le mouvement.
- Évitez de vous pencher trop en avant et d'être voûtée sur les poignées (ce qui peut provoquer des tensions dans le dos).

TECHNIQUE DU TAPIS DE MARCHE

- Adoptez une bonne posture en relâchant les muscles des épaules, en gardant les épaules basses (mais pas en arrière) et la cage thoracique légèrement soulevée. Regardez devant vous, levez la tête.
- Grandissez-vous et décontractez-vous, ne vous crispez pas et tenez-vous droite.
- Vos bras sont souples, le long du corps, vos mains relâchées. Ne balancez pas les bras devant le corps.
- À chaque pas posez bien le talon au sol puis transférez le poids de votre corps vers la plante du pied par un mouvement déroulant du talon jusqu'à la pointe.
- Faites des pas de longueur raisonnable pour éviter de faire faire à votre buste un mouvement de rotation sur les hanches.
- Vos hanches, genoux et pieds doivent rester dans l'alignement - la pointe du pied dirigée vers l'avant (ce qui peut paraître difficile au début).
- Gardez le buste droit ou légèrement incliné vers l'avant.
- Respirez profondément par l'abdomen.

TECHNIQUE DU TAPIS DE COURSE

- Adoptez une position confortable épaules en arrière, baissées et relâchées.
- Tenez-vous droite en étirant bien le dos vers le haut.
- Gardez le buste droit et contractez les abdominaux.
- Utilisez vos grands fessiers (cuisses) et ischio-jambiers (arrière de la jambe) pour propulser votre corps vers l'avant.
- Posez le talon et déroulez tout le pied - vos orteils doivent être les derniers à quitter le sol.
- Ne soulevez pas trop les pieds et faites attention de ne pas rebondir en courant.
- Bras et mains doivent être complètement souples (ne serrez pas les poings) ;
- Utilisez le balancier naturel avant arrière des bras - sans exagérer le mouvement.
- Vos pieds, genoux et hanches doivent être dans l'alignement.
- Les débutants ont tendance à faire des foulées trop petites, ce qui provoque des tensions dans les genoux - essayez une longueur de foulée naturelle.

TECHNIQUE DU RAMEUR

- Placez vos pieds dans les cale-pieds et serrez fort, restez bien assise sur le siège.
- Avec les muscles des jambes lancez le mouvement. Commencez à ramer en poussant avec les jambes pour retourner en arrière (ne tirez pas avec les bras).
- Gardez les bras tendus devant vous jusqu'à ce qu'ils arrivent aux genoux, penchez-vous alors légèrement en arrière, en tirant les poignées vers votre corps.
- Amenez les poignées sur le ventre, pas sur le buste. Vos coudes doivent dépasser votre buste, ne pas être relevés vers l'extérieur.
- À la fin du mouvement faites attention de ne pas bloquer vos jambes tendues - gardez les genoux souples.
- Vous saurez que vous vous y prenez mal si vous entendez la chaîne heurter l'appareil.

TECHNIQUE DU VÉLO FIXE

- Vérifiez la hauteur de la selle - lorsque la pédale est en bas, votre jambe doit être en extension mais le genou très légèrement fléchi.
- La nuque et les épaules doivent être détendues - évitez de contracter les épaules et veillez à ce qu'il y ait une distance suffisante entre elles et vos oreilles.
- Gardez les bras tendus, juste légèrement arrondis aux coudes.
- Tenez les poignées fermement mais sans crispation.
- Dos en position neutre sur la selle - tenez-vous aussi droite que possible n'arrondissez pas le dos.
- Contractez les abdominaux - vous serez plus stable.
- Vos pieds doivent être légèrement orientés vers le bas en poussant sur la pédale - cela évite les tensions dans les mollets.
- Mettez les cale-pieds si vous en avez - vous solliciterez les muscles de l'avant et de l'arrière de la jambe pour effectuer le mouvement. Sans cale-pied, seuls les muscles de l'avant de la jambe travaillent.

ENTRAÎNEMENT EN CONTINU NIVEAU DÉBUTANT

Durée totale de la séance = 30 minutes

Durée (minutes)	Phase	Intensité [FCE]	Intensité (EP)
5	échauffement	50 %	5
20	exécution	60 %	6
5	récupération	50 %	5

ENTRAÎNEMENT FRACTIONNÉ NIVEAU INTERMÉDIAIRE

Durée totale de la séance = 34 minutes

Durée (minutes)	Phase	Intensité (FCE)	Intensité (EP)
5	échauffement	50 %	5
2	exécution	70 %	7
2	récupération active	60 %	6
2	exécution	70 %	7
2	récupération active	60 %	6
2	exécution	70 %	7
2	récupération active	60 %	6
2	exécution	70 %	7
2	récupération active	60 %	6
2	exécution	70 %	7
2	récupération active	60 %	6
2	exécution	70 %	7
2	récupération active	60 %	6
5	retour au calme	50 %	5

3 Exercices

Le programme de six semaines pour les jambes comprend des exercices d'entraînement CV (pour brûler les graisses) suivis d'une série d'exercices de tonification des jambes. La difficulté des séances augmente à mesure que les semaines passent. Chaque séance comporte des exercices efficaces ciblant chaque zone des jambes - l'avant, l'extérieur, l'intérieur et l'arrière.

Quel niveau d'entraînement ?

Si vous ne pratiquez pas un sport régulièrement commencez au **niveau 1** et effectuez le nombre de répétitions (reps) préconisées. Si vous faites du sport au moins trois fois par semaine, optez pour le **niveau 2**. Augmentez progressivement le nombre de répétitions ou de séries à mesure que vous vous habituez aux exercices. Mais quel que soit votre niveau n'oubliez jamais de vous concentrer sur la technique du mouvement.

Principes de base de l'entraînement

▧ Imposez-vous de respecter le nombre de séances préconisées par semaine.

▧ Les jours où vous ne vous entraînez pas, vous pouvez pratiquer d'autres activités sportives mais évitez alors de faire trop travailler vos jambes.

▧ Accordez-vous au minimum deux jours de repos par semaine pour éviter tout surentraînement.

▧ Chaque séance doit durer entre 45 et 60 minutes environ.

▧ Pour les exercices de tonification assurez-vous que vous contrôlez bien vos mouvements, qu'ils sont suffisamment amples et que vous en maîtrisez bien la technique.

▧ Si un exercice vous paraît trop difficile adaptez le mouvement pour le rendre plus facile ou remplacez-le par un exercice équivalent dont vous avez l'habitude jusqu'à ce que vous ayez acquis la force suffisante.

▧ Concentrez-vous sur chaque mouvement - ne bâclez aucun exercice.

▧ Visualisez votre travail et le résultat souhaité - découpez une photo et collez-la au mur ou sur votre frigo pour rester motivée.

Semaine 1

L'objectif

L'objectif de la première semaine est de développer une bonne base physique avant de passer aux exercices de tonification, en bref de dégourdir vos jambes !

- Entraînez-vous deux fois par semaine en laissant passer au moins une journée entre les deux.
- Faites la partie I (entraînement CV) puis la partie II (tonification).
- Essayez de respecter les durées ou nombre de répétitions (reps) préconisées - sinon faites ce que vous pouvez.
- Faites tous les exercices ci-dessous (circuit complet), puis recommencer le circuit une seconde fois.
- Effectuez chaque mouvement en vous appliquant (cf. Conseils d'entraînement, pages 3 à 5)

1re partie : entraînement CV

Jour	Entraînement
1	entraînement CV en continu
2	entraînement CV fractionné

2e partie : tonification

Exercice	nbre de circuits
Squats libres debout	2
Flexions des jambes sur le ballon	2
Élévations pour adducteurs	2
Élévations pour abducteurs	2
Élévations sur une jambe pour mollets	2

Squats libres debout

Muscles cibles : grand fessier, quadriceps, ischios-jambiers, abducteurs, adducteurs

Position de départ

1. Debout pieds écartés de la largeur des épaules (ou un peu plus), ouverts à 30°.

Mouvement

1. Tête droite et dos en position neutre, descendez doucement jusqu'à ce que vos cuisses soient parallèles au sol ; il est inutile d'aller plus loin.

2. Vos genoux doivent être dans l'alignement de vos pieds, dirigés vers vos orteils.

3. Maintenez la position en comptant 1, puis remontez en position de départ.

Plus difficile : prenez un haltère dans chaque main.

CONSEILS

- Maintenez la courbure naturelle de votre dos pendant tout l'exercice.
- Enfoncez le nombril vers la colonne vertébrale.
- Fixez des yeux un point devant vous à hauteur de regard.
- Faites attention à ne pas vous pencher trop en avant ce qui fatiguerait vos lombaires et diminuerait l'efficacité du travail des jambes.

Niveau 1 : 10 à 12 reps
Niveau 2 : 15 à 20 reps

Flexions des jambes sur le ballon

Muscles cibles : grand fessier, ischios-jambiers

Position de départ

1. Allongez-vous sur le dos, mollets reposant sur un ballon d'exercice, bras le long du corps.

Mouvement

1. Servez-vous de vos muscles fessiers pour décoller le bassin du sol en déroulant le dos vertèbre par vertèbre.

2. Votre corps doit former une ligne diagonale des pieds aux épaules.

3. Enfoncez vos talons dans le ballon et amenez-le aussi près que possible de vos fessiers. Maintenez votre bassin décollé.

4. Tendez lentement les jambes en repoussant le ballon. Faites le nombre de répétitions indiqué ci-après, puis redescendez votre bassin doucement en position de départ.

CONSEILS

• Le déplacement du ballon doit être continu et rectiligne.

• Maintenez votre bassin soulevé - il ne doit pas monter ou descendre pendant le déplacement du ballon.

• Votre nuque et vos épaules doivent être détendues.

Niveau 1 : 6 à 8 reps
Niveau 2 : 8 à 10 reps

Élévation latérale pour abducteurs

Muscles cibles : abducteurs et **hanches**

Position de départ

1. Allongez-vous sur le côté en ligne droite.
2. Appuyez-vous sur votre avant-bras.
3. Posez l'autre main devant vous pour tenir l'équilibre.

Mouvement

1. Décollez la jambe supérieure tendue et dans le prolongement de votre buste. Maintenez la position une seconde puis redescendez en position de départ.
2. Faites le nombre de répétitions indiqué ci-après puis changez de côté.

CONSEIL

Veillez à bien maintenir la jambe dans le prolongement du buste - empêchez-la de dévier vers l'avant.

Niveau 1 : 10 à 12 reps
Niveau 2 : 15 à 20 reps

Élévation latérale pour adducteurs

Muscles cibles : adducteurs

Position de départ

1. Allongez-vous sur le côté, bien droite.
2. Appuyez-vous sur votre avant-bras.
3. Posez l'autre main devant vous pour tenir l'équilibre.
4. Repliez la jambe supérieure et posez votre pied à plat juste derrière l'autre jambe.
5. Gardez la jambe au sol tendue.

Mouvement

1. Jambe au sol tendue, pied fléchi, soulevez-la autant que vous pouvez (quelques centimètres suffisent). Maintenez la position quelques secondes puis redescendez en position de départ.
2. Faites le nombre de répétitions indiqué ci-après puis changez de côté.

CONSEILS

- Gardez le pied de la jambe au sol tourné vers l'avant et la partie interne de votre cuisse vers le plafond.
- Gardez la jambe au sol tendue pendant tout le mouvement.

Niveau 1 : 10 à 12 reps
Niveau 2 : 15 à 20 reps

Élévation sur une jambe pour les mollets

Muscles cibles : mollets

Position de départ

1. Placez la plante de votre pied droit au bord d'un step, votre talon est dans le vide.

2. Prenez appui sur un support solide avec l'autre main pour garder l'équilibre.

Mouvement

1. Montez aussi haut que vous pouvez sur la pointe du pied.

2. Gardez la position en comptant jusqu'à deux, puis rabaissez lentement votre talon aussi loin que possible.

3. Faites le nombre de répétitions indiqué ci-après puis passez au pied gauche.

Plus difficile : prenez un haltère dans une main.

CONSEILS

- La jambe qui travaille doit rester tendue pendant tout l'exercice.
- Étirez complètement votre mollet en position basse - votre talon doit être au-dessous de vos orteils.

Niveau 1 : 10 à 12 reps
Niveau 2 : 15 à 20 reps

Semaine 2

L'objectif

Vous devez être en forme, et prête à faire des exercices plus difficiles ! Maintenant que l'habitude est prise vous pouvez corser l'entraînement et ajouter quelques nouveaux exercices. Vous allez continuer l'entraînement CV pour brûler les graisses, suivis de deux circuits visant à tonifier vos cuisses.

- Entraînez-vous **trois fois** cette semaine en laissant passer au moins une journée entre les entraînements.
- Faites la partie I (entraînement CV) puis la partie II (tonification).
- Essayez de respecter les durées ou nombre de répétitions (reps) préconisées - sinon faites ce que vous pouvez.
- Faites tous les exercices ci-dessous (soit 1 circuit), et recommencer une seconde fois.
- Faites une pause de 30 secondes entre chaque exercice, reposez-vous une minute entre les deux circuits.
- Effectuez chaque mouvement en vous appliquant (cf. Conseils d'entraînement, pages 3 à 5)

1re partie : entraînement CV

Jour	Entraînement
1	entraînement continu
2	entraînement CV fractionné
3	entraînement CV continu

2e partie : tonification

Exercice	nbre de circuits
Squat avec le ballon	2
Adducteurs	2
Fente avant	2
Flexions des jambes en position Assise sur le ballon (page 20)*	2
Élévation mollets debout	2

* en fonction du matériel à votre disposition

Squat avec le ballon

Muscles cibles : fessiers, quadriceps, ischios-jambiers, adducteurs

Position de départ

1. Debout, appuyez fermement le bas de votre dos contre un ballon d'exercice placé derrière vous contre un mur.

2. Vos pieds sont dans l'alignement de vos épaules, légèrement plus écartés.

3. Croisez les bras devant votre buste.

Mouvement

1. Fléchissez légèrement les genoux pour faire rouler le ballon vers le bas. Descendez jusqu'à ce que vos cuisses soient parallèles au sol, tout en maintenant la courbe normale de votre dos.

2. Poussez sur vos talons pour vous redresser en tendant les jambes.

CONSEILS

• Maintenez la courbe normale de votre dos en contractant vos abdominaux.

• Regardez droit devant vous.

Niveau 1 :	10 à 12 reps
Niveau 2 :	15 à 20 reps

Tonification des adducteurs

Muscles cibles : adducteurs

Position de départ

1. Allongée sur le dos jambes relevées serrez un ballon d'exercice entre vos genoux fléchis.

Mouvement

1. Serrez le ballon avec l'intérieur des cuisses et les genoux.

2. Maintenez la position une seconde, puis relâchez et faites le nombre de répétitions indiquées ci-après.

Plus difficile :

- *Maintenez la pression pendant plusieurs secondes.*

- *Placez le ballon entre vos chevilles et vos mollets, genoux toujours légèrement fléchis.*

CONSEILS

- Vous pouvez retenir le ballon avec les mains pour qu'il reste en place.

- Enfoncez votre nombril vers votre colonne vertébrale pour éviter le mal de dos.

Niveau 1 : 8 à 10 reps
Niveau 2 : 12 à 15 reps

Fente avant

Muscles cibles : quadriceps, ischios-jambiers, fessiers

Position de départ

1. Debout pieds écartés de la largeur des épaules, pointes vers l'avant.

Mouvement

1. Faites un grand pas en avant avec la jambe droite en fléchissant le genou et descendant le bassin. Descendez jusqu'à ce que votre cuisse soit parallèle au sol et que votre jambe forme un angle droit. Votre jambe gauche doit être à 10 ou 15 cm au-dessus du sol. Gardez la position une seconde.

2. Poussez fort sur votre jambe droite pour revenir à la position de départ.

3. Effectuez le nombre de répétitions indiqué ci-après puis changez de jambe.

Plus difficile : un haltère dans chaque main.

CONSEILS

• Le genou avant doit être au-dessus de votre cheville - ne le laissez pas dévier vers l'avant, ce qui risquerait d'entraîner une fatigue du genou.

• Gardez le buste bien droit pendant tout l'exercice - ne vous penchez pas en avant.

Niveau 1 : 8 à 10 reps
Niveau 2 : 12 à 15 reps

Flexion des jambes en position assise

Muscles cibles : ischios-jambiers

Position de départ

1. Prenez place sur le siège de l'appareil et passez vos talons sur le cylindre en mousse.
2. Régler l'appareil si nécessaire pour que vos genoux soient juste au bord du siège et que vos cuisses soient complètement soutenues.
3. Saisissez les poignées ou les bords latéraux du siège pour vous tenir.

Mouvement

1. Repliez les jambes pour amener vos talons vers l'arrière.
2. Comptez jusqu'à deux puis revenez doucement en position de départ.

CONSEIL
Si aucun appareil n'est libre faites vos flexions avec le ballon (page 20).

Niveau 1 : 8 à 10 reps
Niveau 2 : 12 à 15 reps

Élévation pour mollets, debout

Muscles cibles : mollets

Position de départ

1. Placez la plante de vos pieds au bord d'un step, vos talons restent dans le vide. Vous pouvez vous aider en prenant appui sur un compagnon d'entraînement si nécessaire.

Mouvement

1. Montez aussi haut que vous pouvez sur la pointe des pieds.

2. Gardez la position en comptant jusqu'à deux, puis rabaissez lentement vos talons aussi loin que possible.

Plus difficile : faites cet exercice sur une machine à mollets ou une "cage à squats", ou avec une barre sur les épaules.

CONSEILS

• Gardez les jambes tendues (sans toutefois les bloquer) pendant tout l'exercice.

• Étirez bien vos mollets, lorsque vous redescendez vos talons doivent être au-dessous de vos pointes de pieds.

Niveau 1 : 10 à 12 reps
Niveau 2 : 15 à 20 reps

Semaine 3

Cette semaine vous allez passer du circuit de base à l'entraînement par séries. Ce qui signifie que vous allez faire un certain nombre de séries de chaque exercice, séparées par une courte pause. Il faudra travailler un peu plus dur, mais vous êtes en bonne voie pour avoir des cuisses plus fermes d'ici la fin de la semaine.

- Entraînez-vous **trois fois** cette semaine en laissant passer au moins une journée entre les entraînements.
- Faites la partie I (entraînement CV) puis la partie II (tonification).
- Essayez de respecter les durées ou nombre de répétitions (reps) préconisées - sinon faites ce que vous pouvez.
- Faites une pause de 30 secondes entre chaque série.
- Après avoir effectué le nombre préconisé de séries pour chaque exercice, faites une pause d'une minute avant de passer à l'exercice suivant.
- Effectuez chaque mouvement en vous appliquant (cf. Conseils d'entraînement, pages 3 à 5).

1re partie : **entraînement CV**

Jour	Entraînement
1	entraînement CV fractionné
2	entraînement continu
3	entraînement CV fractionné

2e partie : **tonification**

Exercice	nbre de séries
Fente arrière	2-3
Steps avec haltères	2-3
Travail des adducteurs et des abducteurs	2-3
Machine à mollets ou Élévations sur une jambe (page 23)*	2-3

* en fonction du matériel à votre disposition

Fente arrière

Muscles cibles : ischios-jambiers, quadriceps, fessiers

Position de départ

1. Debout pieds écartés de la largeur des épaules, pointes vers l'avant.

Mouvement

1. Faites un grand pas en arrière avec la jambe droite, fléchissez le genou gauche et descendez le bassin. Gardez le buste droit

2. Descendez en position de squat sur la jambe gauche jusqu'à ce que votre cuisse gauche soit parallèle au sol. Votre genou gauche doit former un angle droit. Restez une seconde dans cette position, puis poussez fort sur votre jambe gauche pour revenir en position de départ. Ne prenez pas appui sur votre jambe (arrière) droite.

3. Effectuez le nombre de répétitions indiqué ci-après puis changez de jambe.

Plus difficile : avec une paire d'haltères. Ou avec une « cage à squats » : placez-vous directement sous la barre de la machine, elle doit être assez basse mais vous permettre de rester bien droite. Saisissez la barre et soulevez-la de son support en débloquant les freins. Travaillez comme indiqué plus haut.

1 2 3

CONSEILS

• Tenez-vous bien droite pendant tout l'exercice - ne vous penchez pas en avant.

• Faites un pas en arrière suffisamment grand pour empêcher le genou de votre jambe avant de dépasser vos orteils. En position basse, votre genou doit être vertical.

Niveau 1 : 2 séries de 8 à 10 reps
Niveau 2 : 3 séries de 12 à 15 reps

Steps avec haltères

Muscles cibles : quadriceps, ischios-jambiers, fessiers

Position de départ

1. Debout devant un step, un haltère dans chaque main.

Mouvement

1. Montez sur le step avec un pied puis amenez l'autre pied sur le step.

2. Descendez avec la seconde jambe, puis la première.

3. Recommencez, seconde jambe d'abord.

Plus difficile : augmentez la hauteur du step.

CONSEILS

- Ne vous penchez pas en avant en montant sur le step.
- Posez bien votre pied sur le step en montant.

Niveau 1 : 2 séries de 10 à 12 reps

Niveau 2 : 3 séries de 15 à 20 reps

Travail des abducteurs et des adducteurs

Muscles cibles : abducteurs et adducteurs

Position de départ

1. Allongez-vous sur le côté en formant une ligne droite.
2. Placez un ballon d'exercice entre vos pieds.
3. Appuyez la tête sur le bras au sol et posez votre autre main devant vous pour tenir l'équilibre.

Mouvement

1. Serrez le ballon entre vos pieds en exerçant une pression vers le bas avec la jambe du haut et vers le haut avec la jambe au sol.
2. Maintenez la position une seconde puis relâchez et faites le nombre de répétitions indiqué ci-après.
3. Changez de côté et recommencez.

CONSEILS

- Essayez de décoller le buste du sol jusqu'à la ceinture - empêchez-le de redescendre.
- Enfoncez le nombril vers la colonne vertébrale.

Niveau 1 : 2 séries de 8 à 10 reps
Niveau 2 : 3 séries de 12 à 15 reps

Presse à mollets (calf press)

Muscles cibles : mollets

Position de départ

1. Installez-vous sur une presse à mollets.
2. Posez vos plantes de pied au bas de la plate-forme les talons dans le vide. Vos jambes doivent être tendues et vos pieds écartés de la largeur du bassin.
3. Enlevez les freins.

Mouvement

1. Poussez la plate-forme devant vous aussi loin que possible.
2. Restez contractée et comptez jusqu'à deux.
3. Redescendez les talons aussi loin que possible.

CONSEILS

• Pour que vos mollets soient parfaitement étirés vos talons lorsqu'ils sont en bas doivent être au-dessous de vos pointes.

• Gardez les jambes tendues (mais non bloquées) pendant tout l'exercice.

• Si aucune presse à mollets n'est disponible, remplacez cet exercice par les élévations pour mollets (page 23)

Niveau 1 : 2 séries de 10 à 12 reps
Niveau 2 : 3 séries de 15 à 20 reps

Semaine 4

Vous allez continuer de faire deux ou trois séries de chaque exercice, mais en diminuant les temps de pause entre les séries. Essayez de forcer un peu en faisant davantage de répétitions de chaque exercice.

- Entraînez-vous **trois fois** cette semaine en laissant passer au moins une journée entre les entraînements.
- Faites la partie I (entraînement CV) puis la partie II (tonification).
- Essayez de respecter les durées ou nombre de répétitions (reps) préconisées - sinon faites ce que vous pouvez.
- Faites une pause de 20 secondes entre chaque série.
- Après avoir effectué le nombre de répétitions préconisé pour chaque exercice, faites une pause de 30 à 45 secondes avant de passer à l'exercice suivant.
- Effectuez chaque mouvement en vous appliquant (cf. Conseils d'entraînement, pages 3 à 5).

1re partie : **entraînement CV**

Jour	Entraînement
1	Entraînement CV continu
2	Entraînement CV fractionné
3	Entraînement CV continu

2e partie : **tonification**

Exercice	nbre de séries
Squats en fente avant	2 - 3
Presse pour les jambes ou	
Squats libres debout (page 19)*	2 - 3
Extensions d'1 jambe à 4 pattes	2 - 3
Élévations pour mollets, assis ou	
Élévations debout (page 29)*	2 - 3

* en fonction du matériel à votre disposition

Squat en fente avant

Muscles cibles : fessiers, ischios-jambiers, quadriceps, abducteurs, adducteurs

Position de départ

1. Faites un pas avant avec la jambe droite et un en arrière avec la gauche. Votre talon gauche se soulève du sol.

Mouvement

1. Descendez tout le corps en pliant le genou droit à 90°, amenant ainsi votre genou gauche juste au-dessus du sol.

2. Revenez en position debout en poussant sur votre talon droit.

3. Effectuez le nombre de répétitions indiquées ci-après puis changez de jambe.

Plus difficile :

■ *Prenez un haltère dans chaque main ou travaillez dans une "cage à squats" en plaçant la barre en haut de votre dos.*

■ *Posez votre pied arrière sur un bloc ou un step de 15 cm de haut. Cela augmente l'amplitude du mouvement et vous sentirez un étirement plus intense du quadriceps de la jambe arrière.*

CONSEILS

• Lorsque vous descendez, pensez à maintenir votre bassin droit, évitez de vous pencher en avant.

• Le genou de votre jambe avant doit être au-dessus de votre cheville - il ne doit pas avancer.

Niveau 1 : 2 séries de 10 à 12 reps
Niveau 2 : 3 séries de 15 à 20 reps

1
2
3
4

Presse à jambes

Muscles cibles : fessiers, quadriceps, ischios-jambiers

Position de départ

1. Asseyez-vous sur le siège de la presse en calant bien votre dos contre le dossier.

2. Posez vos pieds sur la plate-forme, ils sont parallèles et écartés de la largeur du bassin.

3. Enlevez les freins et tendez les jambes.

Mouvement

1. Pliez doucement les jambes et baissez la plate-forme dans un mouvement contrôlé jusqu'à ce que vos genoux viennent pratiquement toucher votre buste. Maintenez la position une seconde.

2. Ramenez la plate-forme en position de départ et poussant fort sur vos talons.

3. Effectuez le nombre de répétitions indiqué ci-après.

CONSEILS

• Maintenez votre dos toujours en contact avec le dossier, ne vous cambrez pas en baissant la plate-forme.

• Gardez vos genoux dans l'alignement de vos orteils.

• Si aucune presse n'est disponible faites des squats libres debout (page 19)

Niveau 1 : 2 séries de 10 à 12 reps

Niveau 2 : 3 séries de 15 à 20 reps

1 2 3 4

Extension d'une jambe à quatre pattes

Muscles cibles : fessier, ischios-jambiers, adducteurs, lombaires

Position de départ

1. Mettez-vous à quatre pattes.
2. Assurez-vous que votre dos est bien plat et parallèle au sol et que vos genoux sont exactement sous votre bassin.

Mouvement

1. Ramenez votre genou droit vers votre buste puis tendez la jambe droite derrière vous. Le but est de dessiner une ligne droite parallèle au sol de la tête à la pointe du pied.
2. Ramenez votre genou droit vers votre buste et recommencez autant de fois qu'indiqué ci-après.
3. Changez de jambe et faites le même nombre de répétitions.

CONSEILS

- Évitez la rotation du bassin lorsque vous tendez la jambe en arrière - gardez-le bien parallèle au sol.
- Gardez le dos bien plat pendant tout l'exercice.

Niveau 1 : 2 séries de 10 à 12 reps
Niveau 2 : 3 séries de 15 à 20 reps

Élévation des mollets en position assise

Muscles cibles : mollets

Position de départ

1. Asseyez-vous sur un banc devant un step et posez une barre sur le bas des cuisses. Vous pouvez également utiliser une machine à mollets en réglant la hauteur des cylindres pour qu'ils soient juste au-dessus du bas des cuisses.

2. Posez vos plantes de pied sur le bord du step ou de la plate-forme en veillant bien à ce qu'ils soient exactement sous vos genoux.

Mouvement

1. Montez sur la pointe des pieds et tenez au moins 2 secondes.

2. Descendez lentement les talons jusqu'à ce qu'ils se trouvent aussi loin que possible de vos orteils.

3. Effectuez le nombre de répétition indiqué ci-après.

CONSEIL

Faites cet exercice en prenant soin d'étirer vos muscles au maximum. Si aucun appareil adéquat n'est disponible effectuez des élévations des mollets debout (page 29).

Niveau 1 : 2 séries de 10 à 12 reps
Niveau 2 : 3 séries de 15 à 20 reps

Semaine 5

Pour augmenter l'efficacité de votre entraînement vous allez passer cette semaine de séries normales à des super-séries. Ce qui signifie que vous allez effectuer le premier exercice puis passer au deuxième sans faire de pause. Vous ferez ensuite une pause avant de reprendre une double série. Facile ? Vous savez bien qu'il faut souffrir pour être belle.

■ Entraînez-vous **trois fois** cette semaine en laissant passer au moins une journée entre chaque séance.

■ Faites la partie I (entraînement CV) puis la partie II (tonification).

■ Essayez de respecter la durée ou le nombre de répétitions (reps) préconisés - sinon faites ce que vous pouvez.

■ Faites les deux exercices de la première super-série sans pause puis arrêtez-vous une minute avant de recommencer une fois.

■ Faites la seconde super-série d'exercices sans pause puis arrêtez-vous une minute avant de recommencer une fois.

■ Restez bien concentrée en effectuant chaque répétition (cf. Conseils d'entraînement, pages 3 à 5).

1re partie : **entraînement CV**

Jour	Entraînement
1	entraînement CV fractionné
2	entraînement continu
3	entraînement CV fractionné

2ᵉ partie : **tonification**

Exercice	nbre de séries
1ʳᵉ super-série	
Squat avec ballon	
(cf. p. 25 mais avec 12 à 15 reps	
pour niveau 1 et 15 à 20 reps	
pour niveau 2)	2
Fente arrière avec haltères	2
2ᵉ super-série	
Extension des jambes	
Ou steps avec haltères (page 32)*	2
Extension des jambes, assis (p. 28) ou	
Sur le ballon (p. 20)*	2
Élévation des mollets sur 1 jambe	
(p. 23)	2-3

* En fonction du matériel à votre disposition

Fentes arrière avec haltères

Muscles cibles : ischios-jambiers, quadriceps, fessiers

Position de départ

1. Debout, avec un écartement des pieds égal à la largeur des épaules, pointes vers l'avant.

2. Tenez un haltère dans chaque main.

Mouvement

1. Faites un grand pas en arrière avec votre jambe gauche, fléchissez la jambe droite en descendant le bassin. Gardez le buste droit.

2. Descendez en position de squat sur la jambe droite jusqu'à ce que votre cuisse gauche soit parallèle au sol. Votre genou droit doit former un angle à 90°. Tenez une seconde, puis poussez avec force sur votre jambe droite pour revenir en position de départ. Ne poussez pas sur votre jambe (arrière) gauche.

3. Effectuez le nombre de répétitions indiqué ci-après, puis changez de jambe.

CONSEILS

- Restez bien droite pendant tout l'exercice - ne vous penchez pas en avant.
- Votre pas en arrière doit être suffisamment grand pour que le genou de votre jambe avant n'avance pas vers la pointe de votre pied lorsque vous descendez. En position fléchie, votre tibia doit être à la verticale.

1 2 3 4 5

Niveau 1 : 8 à 10 reps
Niveau 2 : 12 à 15 reps

Extension des jambes

Muscles cibles : quadriceps

Position de départ

1. Installez-vous sur la machine pour extension des jambes, réglez-la de manière à ce que vos cuisses reposent intégralement sur le siège.

2. Crochetez vos pieds sous le cylindre qui doit être en contact avec le bas de vos tibias juste au-dessus de vos chevilles.

3. Saisissez les poignées latérales ou le bord du siège pour éviter de soulever le bassin pendant l'exercice.

Mouvement

1. Tendez complètement les jambes tout en maintenant l'arrière de vos cuisses et votre dos en contact avec le fauteuil.

2. Comptez jusqu'à deux en position contractée puis redescendez lentement au point de départ.

CONSEILS

- Ne décollez pas le bassin du siège.
- Essayez de "résister" au poids en redescendant les jambes vers le point de départ - ne laissez pas le poids pousser vos jambes.
- Si aucune machine n'est disponible faites des steps avec haltères (page 32).

Niveau 1 : 8 à 10 reps
Niveau 2 : 12 à 15 reps

Semaine 6

Cette semaine vous allez relever de nouveaux défis avec l'introduction de deux mouvements visant à améliorer force et endurance : le saut jambes écartées avec step et la fente sautée. Ces exercices développent rapidité et endurance sans augmenter le volume musculaire. Effectués dans une super-série, ils stimulent vos muscles et se soldent par un gain de tonicité.

■ Entraînez-vous **trois fois** cette semaine en laissant passer au moins une journée entre les séances.

■ Faites la partie I (entraînement CV) puis la partie II (tonification).

■ Essayez de respecter la durée ou le nombre de répétitions (reps) préconisés - sinon faites ce que vous pouvez.

■ Faites la première super-série d'exercices sans pause puis arrêtez-vous une minute avant de recommencer une fois.

■ Faites la seconde super-série sans pause puis arrêtez-vous une minute avant de recommencer une fois.

■ Restez bien concentrée en effectuant chaque répétition (cf. Conseils d'entraînement, pages 3 à 5).

1re partie : entraînement CV

Jour	Entraînement
1	Entraînement CV continu
2	Entraînement CV fractionné
3	Entraînement CV continu

Semaine 1 2 3 4 5 6

2e partie : **tonification**

Exercice	nbre de séries
1re super-série	
Fente	2
Saut jambes écartées avec step	2
2e super-série	
Soulever de terre jambes tendues	2
Fente sautée	2
Élévation des mollets, debout (p. 29)	2-3

Marche et fente

Muscles cibles : quadriceps, ischios-jambiers, fessiers

Position de départ

1. Debout, écartement des pieds de la largeur des épaules, pointes de pied vers l'avant. Vérifiez que vous disposez d'assez d'espace devant vous pour pouvoir effectuer le nombre de pas prévu.

Mouvement

1. Faites un grand pas en avant avec la jambe droite, fléchissez le genou et descendez le bassin jusqu'à ce que votre cuisse droite soit parallèle au sol et que votre genou dessine un angle droit. Votre jambe gauche doit être à 10-15 cm au-dessus du sol. Gardez la position une seconde.

2. Poussez fort sur votre jambe droite pour vous redresser, ramenez votre jambe gauche et faites un grand pas en avant avec la jambe gauche.

3. Effectuez le nombre de répétitions indiqué ci-dessous.

Plus difficile : travaillez avec un haltère dans chaque main

> ### CONSEILS
>
> • Le genou avant doit rester exactement au-dessus de la cheville - ne le laissez pas avancer au-delà ce qui pourrait entraîner des tensions dans le genou.
>
> • Gardez le buste droit pendant tout l'exercice - ne vous penchez pas en avant.

123456

Niveau 1 : 6 à 8 reps (12 à 16 pas au total)
Niveau 2 : 10 à 12 reps (20 à 24 pas au total)

Saut jambes écartées avec step

Muscles cibles : quadriceps, ischios-jambiers, abducteurs

Position de départ

1. Debout jambes écartées de part et d'autre d'un step.

Mouvement

1. Sautez à pieds joints sur le step, pensez à fléchir les genoux pour amortir la réception.

2. Au choix, redescendez au sol en sautant à pieds joints à l'arrière du step ou descendez un pied après l'autre.

Plus difficile : augmentez la hauteur du step. Vous augmentez la difficulté en devant sauter plus haut.

Niveau 1 : 6 à 8 reps
Niveau 2 : 10 à 12 reps

123456

Soulevé de terre jambes tendues

Muscles cibles : ischios-jambiers, fessiers

Position de départ

1. Saisissez une barre ou une paire d'haltères, prise en supination, écartement des mains légèrement supérieur à la largeur des épaules.

2. Tenez-vous droite, regardez droit devant vous.

Mouvement

1. Dos droit, genoux légèrement fléchis, penchez-vous en avant depuis le bassin jusqu'à ce que votre dos soit bien parallèle au sol. Vous devez sentir un étirement de vos muscles ischios-jambiers et fessiers.

2. En vous penchant en avant, votre bassin et vos fessiers doivent être repoussés vers l'arrière et le poids de votre corps sur vos talons.

3. Gardez la position une seconde puis redressez-vous en position de départ.

Cet exercice ne convient qu'aux pratiquants confirmés en raison des compétences techniques qu'il requiert. À éviter en cas de problèmes de dos. Vous pouvez le remplacer par les flexions de jambes sur le ballon (page 20) ou les flexions de jambes, assis (page 28).

1 2 3 4 5 6

Niveau 1 : 8 à 10 reps
Niveau 2 : 12 à 15 reps

CONSEILS

• Descendez depuis l'articulation des hanches pour maintenir le dos bien droit - le fait d'arrondir le dos augmente les risques de traumatisme.

• Ne descendez pas trop loin la barre ou les haltères. Elle/ils doit/doivent arriver à peu près à la hauteur de vos genoux sous votre buste.

Fentes sautées alternées

Muscles cibles : quadriceps, ischios-jambiers, fessiers

Position de départ

1. Debout, pieds joints.

2. Tête levée, droite, faites un petit pas en arrière avec votre jambe droite.

3. Fléchissez vos deux genoux en veillant à ce que le droit ne dépasse pas votre pointe de pied.

Mouvement

1. Sautez en tendant les jambes et en inversant la position de vos pieds.

2. Réceptionnez-vous en position de départ pied gauche devant et recommencez.

CONSEILS

- Gardez le dos bien droit pendant tout l'exercice - ne vous penchez pas en avant au moment de la réception.

- Essayez de faire cet exercice devant une glace.

Niveau 1 : 6 à 8 reps
Niveau 2 : 10 à 12 reps

1 2 3 4 5 6

Étirements

Les étirements à la fin de chaque séance sont destinés à accroître votre souplesse et optimiser votre posture, tout en affinant et allongeant vos muscles. Veillez à vous concentrer sur votre bien-être et sur la maîtrise de la technique.

Les étirements ne doivent être pratiqués que sur un corps chaud, après élévation du flux sanguin dans vos muscles. Étirer un muscle à froid accroît les risques de traumatisme et diminue l'efficacité de l'étirement. Voici quelques conseils de base :

- Le meilleur moment pour les étirements est après un entraînement et entre les séries d'exercices.
- Vous pouvez également faire une séance d'étirements séparée, entre deux séances d'entraînement, mais uniquement après un bon échauffement de 5 à 10 mn de type aérobic léger.
- Faites vos exercices en douceur, sans forcer.
- Atteignez progressivement la position recherchée en restant concentrée sur la relaxation de vos muscles.
- Étirez aussi longtemps que vous vous sentez bien, gardez la position. À mesure que vos muscles se détendent, étirez davantage, et augmentez progressivement l'amplitude de votre mouvement.
- Ne bloquez jamais votre respiration. Expirez et détendez-vous lorsque vous étirez, puis respirez normalement.
- N'allez jamais au-delà de la douleur. Vous pourriez vous froisser ou vous déchirer un muscle ou un tendon.
- Les étirements effectués à la fin d'une séance d'entraînement, ou au cours d'une séance séparée, doivent être tenus pendant 30 secondes ou plus pour leur permettre de s'étendre aux tissus et aux muscles associés.
- Relâchez l'étirement tout doucement.

Étirements des quadriceps, debout

Prenez appui sur quelque chose de solide. Repliez une jambe en arrière en tenant votre cheville. Gardez les cuisses parallèles et les genoux rapprochés, basculez le bassin vers l'avant jusqu'à ce que vous sentiez bien l'étirement. Recommencez avec l'autre jambe.

Étirement des adducteurs, assise

Asseyez-vous par terre plantes de pieds face à face. Tenez vos chevilles et poussez vos cuisses vers le sol avec vos coudes. Gardez le dos bien droit.

Étirement des adducteurs, debout

Débout, écartement des pieds correspondant à deux fois votre largeur d'épaules. Pied gauche pointé vers l'avant, pied droit vers le côté, fléchissez la jambe droite jusqu'à ce qu'elle forme un angle droit. Gardez la position puis changez de côté.

Étirement des ischios-jambiers

Asseyez-vous par terre, une jambe tendue, l'autre repliée. Tout en gardant le dos bien droit et plat, penchez-vous en avant en partant de l'articulation des hanches. Essayez de toucher votre pied. Pour intensifier l'étirement du mollet, gardez le pied fléchi. Recommencez avec l'autre jambe.

Étirement des fléchisseurs des hanches

En position agenouillée, levez un genou et posez le pied au sol, de façon que votre jambe dessine un angle droit. Buste bien droit poussez l'arrière du bassin vers l'avant en le gardant bien d'équerre. Recommencer avec l'autre jambe.

Étirement des hanches et des abducteurs

Asseyez-vous sur le sol, une jambe tendue l'autre repliée et croisée. Placez le coude à l'extérieur du genou plié et tournez la tête lentement pour regarder derrière l'épaule côté jambe pliée. Le bras opposé est en appui sur le sol derrière votre bassin pour une bonne stabilité. Tirez sur votre genou avec votre coude. Recommencez avec l'autre jambe.

Étirement des mollets

En position debout, faites un grand pas en avant tout en gardant la jambe arrière tendue. Vous pouvez vous appuyer contre un mur si vous voulez. La jambe avant doit être fléchie à angle droit à la verticale de votre cheville. Penchez-vous légèrement en avant de façon que votre jambe arrière et votre buste forment une ligne droite, puis répétez l'exercice avec l'autre jambe.

La planche

Debout dos droit, pieds écartés de la largeur des hanches et bras le long du corps. Lancez votre jambe gauche en arrière en basculant le buste en avant à partir de l'articulation des hanches de façon que votre jambe gauche et votre buste soient parallèles au sol. Levez les bras qui doivent être également parallèles au sol. Essayez de dessiner une ligne droite du bout des doigts à la pointe des pieds.

Enfoncez le nombril vers la colonne et étirez bien votre corps sur toute sa longueur.

Au début votre planche dessinera peut-être un angle par rapport au sol, mais c'est parfait à condition que vous restiez bien droite du bout des mains à la pointe des pieds.

Pont sur les épaules

Allongez-vous sur le dos, mollets en appui sur un ballon d'exercice, bras le long du corps. Contractez les muscles fessiers pour soulever le bassin du sol en déroulant vos vertèbres une à une. Votre corps doit alors dessiner une diagonale allant de vos pieds à vos épaules. Maintenez la position pendant une seconde en poussant sur les talons et étirant votre dos. Descendez ensuite le bassin lentement jusqu'au sol en posant vos vertèbres l'une après l'autre.

4 Suivi des entraînements

Utilisez les tableaux de suivi d'entraînement proposés dans ce chapitre pour consigner vos progrès pendant le programme de six semaines. Vous pouvez choisir les jours de la semaine qui vous conviennent le mieux pour vos entraînements, à condition de respecter le nombre de jours de pause intermédiaire. Les jours figurant ici sont indiqués à titre d'exemple.

	Jour	Entraînement	Exercice	Reps visées	Reps réalisées
S e m a i n e 1	Lundi	Entraînement VC en continu			
		Éxercices de tonification des jambes	Squat libre debout	10 à 12 ou 15 à 20	Circuit 1 : Circuit 2 :
			Flexion des jambes sur balllon	6 à 8 ou 8 à 10	Circuit 1 : Circuit 2 :
			Élévation latérale abducteurs	10 à 12 ou 15 à 20	Circuit 1 : Circuit 2 :
			Élévation latérale adducteurs	10 à 12 ou 15 à 20	Circuit 1 : Circuit 2 :
			Élévation mollets sur 1 jambe	10 à 12 ou 15 à 20	Circuit 1 : Circuit 2 :
	Mardi	Repos			
	Mercredi	Repos			
	Jeudi	Entraînement CV fractionné			
		Éxercices de tonification des jambes	Squat libre debout	10 à 12 ou 15 à 20	Circuit 1 : Circuit 2 :
			Flexion des jambes sur balllon	6 à 8 ou 8 à 10	Circuit 1 : Circuit 2 :
			Élévation latérale abducteurs	10 à 12 ou 15 à 20	Circuit 1 : Circuit 2 :
			Élévation latérale adducteurs	10 à 12 ou 15 à 20	Circuit 1 : Circuit 2 :
			Élévation mollets sur 1 jambe	10 à 12 ou 15 à 20	Circuit 1 : Circuit 2 :
	Vendredi	Repos			
	Samedi	Repos			
	Dimanche	Repos			

Jour	Entraînement	Exercice	Reps visées	Reps réalisées
Lundi	Entraînement VC fractionné			
	Éxercices de tonification des jambes	Squat avec ballon	10 à 12 ou 15 à 20	Circuit 1 : Circuit 2:
		Tonification abducteurs	8 à 10 ou 12 à 15	Circuit 1 : Circuit 2:
		Fente avant	8 à 10 ou 12 à 15	Circuit 1 : Circuit 2:
		Flexion jambes position assise ou avec ballon	8 à 10 ou 12 à 15 6 à 8 ou 8 à 10	Circuit 1 : Circuit 2:
		Élévation mollets debout	10 à 12 ou 15 à 20	Circuit 1 : Circuit 2:
Mardi	Repos			
Mercredi	Entraînement CV continu			
	Éxercices de tonification des jambes	Squat avec ballon	10 à 12 ou 15 à 20	Circuit 1 : Circuit 2:
		Tonification abducteurs	8 à 10 ou 12 à 15	Circuit 1 : Circuit 2:
		Fente avant	8 à 10 ou 12 à 15	Circuit 1 : Circuit 2:
		Flexion jambes position assise ou avec ballon	8 à 10 ou 12 à 15 6 à 8 ou 8 à 10	Circuit 1 : Circuit 2:
		Élévation mollets debout	10 à 12 ou 15 à 20	Circuit 1 : Circuit 2:
Jeudi	Repos			

Semaine 2

Vendredi	Entraînement CV fractionné			
	Éxercices de tonification des jambes	Squat avec ballon	10 à 12 ou 15 à 20	Circuit 1 : Circuit 2:
		Tonification abducteurs	8 à 10 ou 12 à 15	Circuit 1 : Circuit 2:
		Fente avant	8 à 10 ou 12 à 15	Circuit 1 : Circuit 2:
		Flexions jambes position assise ou avec ballon	8 à 10 ou 12 à 15 6 à 8 ou 8 à 10	Circuit 1 : Circuit 2:
		Élévation mollets debout	10 à 12 ou 15 à 20	Circuit 1 : Circuit 2:
Samedi	Repos			
Dimanche	Repos			

	Jour	Entraînement	Exercice	Reps visées	Reps réalisées
Semaine 3	Lundi	Entraînement VC en continu			
		Éxercices de tonification des jambes	Fente arrière	8 à 10 ou 12 à 15	Série 1 : Série 2 : Série 3 :
			Steps avec haltères	10 à 12 ou 15 à 20	Série 1 : Série 2 : Série 3 :
			Travail des ad/abducteurs	8 à 10 ou 12 à 15	Série 1 : Série 2 : Série 3 :
			Presse à mollets ou élévations sur 1 jambe	10 à 12 ou 15 à 20 10 à 12 ou 15 à 20	Série 1 : Série 2 : Série 3 :
	Mardi	Repos			
	Mercredi	Entraînement CV fractionné			
			Fente arrière	8 à 10 ou 12 à 15	Série 1 : Série 2 : Série 3 :
			Steps avec haltères	10 à 12 ou 15 à 20	Série 1 : Série 2 : Série 3 :
			Travail des ad/abducteurs	8 à 10 ou 12 à 15	Série 1 : Série 2 : Série 3 :
			Presse à mollets ou élévations sur 1 jambe	10 à 12 ou 15 à 20 10 à 12 ou 15 à 20	Série 1 : Série 2 : Série 3 :
	Jeudi	Repos			

Vendredi	Entraînement CV continu			
	Éxercices de tonification des jambes	Fente arrière	8 à 10 ou 12 à 15	Série 1 : Série 2 : Série 3 :
		Steps avec haltères	10 à 12 ou 15 à 20	Série 1 : Série 2 : Série 3 :
		Travail des ad/abducteurs	8 à 10 ou 12 à 15	Série 1 : Série 2 : Série 3 :
		Presse à mollets ou élévationsî sur 1 jambe	10 à 12 ou 15 à 20 10 à 12 ou 15 à 20	Série 1 : Série 2 : Série 3 :
Samedi	Repos			
Dimanche	Repos			

	Jour	Entraînement	Exercice	Reps visées	Reps réalisées
Semaine 4	Lundi	Entraînement CV fractionné			
		Éxercices de tonification des jambes	Squat en fente	10 à 12 ou 15 à 20	Série 1 : Série 2 : Série 3 :
			Presse à jambes ou squat libre debout	10 à 12 ou 15 à 20 10 à 12 ou 15 à 20	Série 1 : Série 2 : Série 3 :
			Extension 1 jambe à quatre pattes	10 à 12 ou 15 à 20	Série 1 : Série 2 : Série 3 :
			Élévation des mollets, assis ou debout	10 à 12 ou 15 à 20 10 à 12 ou 15 à 20	Série 1 : Série 2 : Série 3 :
	Mardi	Repos			
	Mercredi	Entraînement CV continu			
		Éxercices de tonification des jambes	Squat en fente	10 à 12 ou 15 à 20	Série 1 : Série 2 : Série 3 :
			Presse à jambes ou Squat libre debout	10 à 12 ou 15 à 20 10 à 12 ou 15 à 20	Série 1 : Série 2 : Série 3 :
			Extension 1 jambe à quatre pattes	10 à 12 ou 15 à 20	Série 1 : Série 2 : Série 3 :
			Élévation des mollets, assis ou debout	10 à 12 ou 15 à 20 10 à 12 ou 15 à 20	Série 1 : Série 2 : Série 3 :
	Jeudi	Repos			

Vendredi	Entraînement CV fractionné			
	Éxercices de tonification des jambes	Squat en fente	10 à 12 ou 15 à 20	Série 1 : Série 2 : Série 3 :
		Presse à jambes ou squat libre debout	10 à 12 ou 15 à 20 10 à 12 ou 15 à 20	Série 1 : Série 2 : Série 3 :
		Extension 1 jambe à quatre pattes	10 à 12 ou 15 à 20	Série 1 : Série 2 : Série 3 :
		Élévation des mollets, assis ou debout	10 à 12 ou 15 à 20 10 à 12 ou 15 à 20	Série 1 : Série 2 : Série 3 :
Samedi	Repos			
Dimanche	Repos			

	Jour	Entraînement	Exercice	Reps visées	Reps réalisées
Semaine 5	Lundi	Entraînement VC en continu			
		Éxercices de tonification des jambes	**Super-série 1**		
			Squat avec ballon	12 à 15 ou 15 à 20	Série 1 : Série 2 :
			Fente arrière avec haltères	8 à 10 ou 12 à 15	Série 1 : Série 2 :
			Super-série 2		
			Extension jambes ou steps avec haltères	8 à 10 ou 12 à 15 10 à 12 ou 15 à 20	Série 1 : Série 2 :
			Flexion jambes, assis ou avec ballon	8 à 10 ou 12 à 15 6 à 8 ou 8 à 10	Série 1 : Série 2 :
			Élévation des mollets une jambe après l'autre	10 à 12 ou 15 à 20	Série 1 : Série 2 : Série 3 :
	Mardi	Repos			
	Mercredi	Entraînement CV fractionné			
		Éxercices de tonification des jambes	**Super-série 1**		
			Squat avec ballon	12 à 15 ou 15 à 20	Série 1 : Série 2 :
			Fente arrière avec haltères	8 à 10 ou 12 à 15	Série 1 : Série 2 :

			Super-série 2		
			Extension jambes ou steps avec haltères	8 à 10 ou 12 à 15 10 à 12 ou 15 à 20	Série 1 : Série 2 :
			Flexion jambes, assis ou avec ballon	8 à 10 ou 12 à 15 6 à 8 ou 8 à 10	Série 1 : Série 2 :
			Élévation des mollets une jambe après l'autre	10 à 12 ou 15 à 20	Série 1 : Série 2 : Série 3 :
Jeudi	Repos				
Vendredi	Entraînement VC en continu				
	Éxercices de tonification des jambes		**Super-série 1**		
			Squat avec ballon	12 à 15 ou 15 à 20	Série 1 : Série 2 : Série 3 :
			Fente arrière avec haltères	8 à 10 or 12 à 15	Série 1 : Série 2 :
			Super-série 2		
			Extension jambes ou step avec haltères	8 à 10 ou 12 à 15 10 à 12 ou 15 à 20	Série 1 : Série 2 :
			Flexion jambes, ou avec ballon	8 à 10 ou 12 à 15 6 à 8 ou 8 à 10	Série 1 : Série 2 :
			Élévation des mollets une jambe après l'autre	10 à 12 ou 15 à 20	Série 1 : Série 2 : Série 3 :
Samedi	Repos				
Dimanche	Repos				

	Jour	Entraînement	Exercice	Reps visées	Reps réalisées
Semaine 6	Lundi	Entraînement VC fractionné			
		Éxercices de tonification des jambes	**Super-série 1**		
			Marche et fente	6 à 8 ou 10 à 12	Série 1 : Série 2 :
			Saut sur step	6 à 8 ou 10 à 12	Série 1 : Série 2 :
			Super-séries 2		
			Soulever de terre jambes tendues	8 à 10 ou 12 à 15	Série 1 : Série 2 :
			Fente sautée alternée	6 à 8 ou 10 à 12	Série 1 : Série 2 :
			Élévation des mollets debout	10 à 12 ou 15 à 20	Série 1 : Série 2 : Série 3 :
	Mardi	Repos			
	Mercredi	Entraînement CV en continu			
		Éxercices de tonification des jambes	**Super-série 1**		
			Marche et fente	6 à 8 ou 10 à 12	Série 2 :
			Saut sur step	6 à 8 ou 10 à 12	Série 1 : Série 2 :
			Super-série 2		
			Soulever de terre jambes tendues	8 à 10 ou 12 à 15	Série 1 : Série 2 :
			Fente sautée alternée	6 à 8 ou 10 à 12	Série 1 : Série 2 :
			Élévation des mollets debout	10 à 12 ou 15 à 20	Série 1 : Série 2 : Série 3 :
	Jeudi	Repos			

Vendredi	Entraînement VC fractionné			
	Éxercices de tonification des jambes	**Super-série 1**		
		Marche et fente	6 à 8 ou 10 à 12	Série 1 : Série 2 :
		Saut sur step	6 à 8 ou 10 à 12	Série 1 : Série 2 :
		Super-série 2		
		Soulever de terre jambes tendues	8 à 10 ou 12 à 15	Série 1 : Série 2 :
		Fente sautée alternée	6 à 8 ou 10 à 12	Série 1 : Série 2 :
		Élévations des mollets debout	10 à 12 ou 15 à 20	Série 1 : Série 2 : Série 3 :
Samedi	Repos			
Dimanche	Repos			

5 Nutrition

Si vous voulez des jambes plus fines vous devez manger
« intelligent » et pratiquer une activité physique régu-
lière. Une légère modification des habitudes alimentaires permet de réduire les calories absorbées et d'éliminer la graisse en stimulant l'assimilation des bons
nutriments. Et si vous avez de la cellulite, ce régime va
vous aider à perdre les stocks de graisse qui en sont la
cause. Toutefois, si vous n'avez pas de kilos à perdre,
vos portions peuvent être plus importantes que celles
préconisées dans nos cinq jours de menus, et vous
pouvez ajouter des collations à condition qu'elles respec-
tent les principes généraux du régime.

Conseils de nutrition pour avoir de jolies jambes

Voici quelques éléments de stratégie pour perdre vos kilos superflus.

Bouger le matin à jeun

Si vous souhaitez perdre du poids, vous avez intérêt à bouger le matin à jeun. C'est le moment où les taux d'insuline et de glucagon - l'hormone qui permet de transformer le glycogène en énergie - sont au plus haut. La graisse de vos cellules graisseuses est dirigée plus facilement vers vos muscles où elle sert de carburant.

Faites le plein de glucides le matin

Un petit-déjeuner sain stimule le métabolisme qui fonctionne alors de façon efficace pour brûler les calories tout au long de la journée. Optez pour la bouillie d'avoine ou les céréales à haute teneur en fibres pour une mise en forme durable. Votre organisme brûle bien mieux les glucides le matin que le soir - c'est une des raisons pour lesquelles les amateurs de petit-déjeuner gardent plus facilement leur poids optimal que ceux qui sautent ce repas.

Bannissez la (mauvaise) graisse

Cela paraît une lapalissade, mais le gras fait grossir. Comme la graisse que vous consommez est proche de la forme sous laquelle elle est stockée si elle n'est pas utilisée, sur 100 calories de graisse consommée vous n'en utilisez que trois pour la transformer. Il en reste donc 97 à brûler ou à stocker. Pour métaboliser 100 calories de glucides en revanche, il faut 10 à 15 calories, tandis que les protéines requièrent 20 calories pour être utilisables.

Mangez du poisson et des noix

Mangez au moins une portion de poisson gras par semaine. Essayez le saumon, les sardines ou le maquereau, ils contiennent beaucoup d'acides gras oméga-3 qui stimulent le métabolisme et favorisent l'élasticité et la fermeté de la peau. Pour couvrir vos besoins journaliers en oméga-3 alternez entre 25 g (une cuiller à soupe pleine) de noix ou d'huile de colza, ou encore 1 ou 2 œufs enrichis en oméga-3.

Préférez les fruits frais au jus de fruit

Les jus de fruits sont excellents, mais les fruits entiers sont encore meilleurs. Un verre de jus d'orange vous apporte environ 120 calories, une orange (60 calories) bien moins, et en prime des fibres ainsi que vos besoins journaliers en vitamine C.

Faites vos courses le ventre plein

Évitez de faire vos courses alimentaires l'estomac vide pour ne pas succomber à la tentation et remplir votre chariot de biscuits, gâteaux et autres pâtisseries à haute teneur calorique. Prévoyez toujours une liste qui réduit les risques d'achats compulsifs.

Mangez lentement

Asseyez-vous et mangez lentement plutôt qu'à la va vite. On consomme jusqu'à 15 pour cent de calories en plus quand on est pressé au moment des repas. Expédier les repas se traduit par un hypothalamus - la partie du cerveau qui détecte la réplétion - qui ne reçoit pas les bons signaux, ce qui explique que vous risquez de trop manger avant de vous sentir rassasiée.

Faites le plein de légumes

Si vous absorbez trop de glucides avant de vous coucher, vous ne brûlerez pas toutes les calories absorbées. Il vaut mieux remplir son assiette de légumes plutôt que de pâtes, de pommes de terre et de pain. Essayez de garnir votre assiette à 50 pour cent avec des légumes (tels que carottes, brocolis, salade verte), à 25 pour cent avec des protéines maigres (telles que poisson, poulet, laitages ou protéines végétales) et 25 pour cent avec des hydrates de carbone complexes (tels que pommes de terre, riz ou pâtes).

Renoncez aux boissons gazeuses

Boire de l'eau plutôt que des sodas est un bon moyen de réduire sa consommation de calories, sans compter que l'eau ne vous abîmera pas les dents et n'entraînera pas de décalcification osseuse. Une bouteille d'un demi-litre de cola apporte 210 calories et 55 g de sucre (correspondant à 11 cuillers à café). Si vous avez l'habitude de boire du coca quotidiennement, cela peut représenter 76 650 calories par an – c'est suffisant pour prendre près de 10 kg de graisse !

Buvez beaucoup d'eau

Ne confondez pas soif et faim. Les deux sensations sont très semblables, donc si vous ne reconnaissez pas la soif, vous allez supposer que vous avez faim et manger au lieu de boire. Essayez de boire un verre d'eau la prochaine que vous avez un petit creux et attendez 10 minutes. Si vous êtes rassasiée c'est que vous n'aviez pas vraiment faim et vous ne vous serez pas surchargée de calories inutiles.

Faites simple

D'après une étude de l'université Tuft aux États-Unis, plus le choix est grand plus on mange. Donc lorsque vous vous trouvez devant une profusion d'aliments n'en choisissez que deux ou trois plutôt que de goûter à tout.

Bannissez les chips

Oubliez votre habitude de dévorer un paquet de chips par jour et vous consommerez 840 calories en moins par semaine, soit 3 500 calories par mois, ce qui veut dire que vous perdrez 500 g de graisse.

Un régime équilibré

Essayez de respecter le nombre de portions quotidiennes de chaque groupe alimentaire (cf. page suivante).

PORTIONS QUOTIDIENNES RECOMMANDÉES DE CHAQUE GROUPE ALIMENTAIRE

Groupe alimentaire	Nbre de portions/jour	Aliment	Taille des portions
Légumes	3 à 5	**1 portion = 80 g**	
		Broccoli, chou-fleur	2–3 bouquets
		Carottes	1 carotte
		Petits pois	3 cuillers à soupe
		Autres légumes	3 cuillers à soupe
		Tomates	5 tomates cerises
Fruits	2 à 4	**1 portion = 80 g**	
		Pomme, poire, pêche, banane	1 fruit moyen
		Prunes, kiwis, clémentine	1 à 2 fruit
		Fraises	8 à 10
		Raisin	12 à 16
		Fruits en conserve	3 cuillers à soupe
		Jus de fruit	1 verre moyen
Céréales et pommes de terre	4 à 6	Pain	2 tranches
		Petits pains/muffins	1 petit pain
		Pâtes ou riz	6 cuillers à soupe
		Céréales	1 bol

		Pommes de terre Patates douces, Igname	La taille du poing
Aliments-riches en calcium	2 à 4	Lait (animal ou de soja enrichi en calcium) Fromage Tofu Sardines en boîte Yahourt/fromage frais	1 tasse moyenne 4 dés 4 dés 1 à 2 cuillers à soupe 1 pot
Aliments-riches en protéines	2 à 4	Viande maigre Volaille Poisson Œufs Lentilles/haricots Tofu/steak ou saucisse de soja	1 à 2 tranches (40 à 80 g) 2 tranches moyennes/1 escalope 1 fillet 2 La taille de la paume 1 à 2
Huiles et graisses saines	1	Noix et graines Huiles de graines, huile de noix Avocat Poisson gras*	1 cuiller à soupe bombée 1 cuiller à soupe une moitié Un rectangle portion

* le poisson gras étant très riche en acides gras essentiels, 1 portion par semaine couvrira vos besoins

Menus pour cinq jours

Basez-vous sur ces cinq jours de menus pour établir votre propre programme alimentaire. Le but est de prendre chaque jour trois repas et deux collations saines. N'oubliez surtout pas de boire au moins six à huit verres d'eau ou d'infusion tout au long de la journée.

Portions de fruits

Lorsque le menu indique une portion de fruit, choisissez-en un sur cette liste. Variez vos sélections pour multiplier les nutriments.

1 fruit moyen : pomme, orange, banane, pêche, poire

2 petits fruits : clémentines, abricots, prunes, kiwis

1 coupelle (125 g) de baies : raisins, fraises, framboises, cerises

½ gros fruit : mangue, papaye, pamplemousse

1 verre de jus de fruit : 100 pour cent jus de fruit (pas de boissons aux fruits)

Menus du 1ᵉʳ jour

Petit-déjeuner
Bouillie d'avoine au lait écrémé
1 cuiller à soupe (15 ml) de raisins secs et 3 ou 4 abricots émincés

Déjeuner
Soupe de carottes à la coriandre fraîche
1 petit pain au blé complet
1 portion de fruit frais

Dîner
Saumon grillé, roquette et tomate
175 g de légumes verts cuits à la vapeur (comme brocolis, choux de Bruxelles)

Collations
Crackers au riz (biscuits au riz) tartinés de 2 cuillers à café (10 ml) de beurre de cacahuète
1 portion de fruit frais

Soupe de carottes à la coriande fraîche
(pour 1 personne)

■ Faire chauffer 1 cuiller à soupe (15 ml) d'huile d'olive vierge extra dans une sauteuse à fond épais sur feu doux. Ajouter la moitié d'un oignon, finement émincé et le faire réduire environ 5 minutes pour qu'il devienne transparent.

■ Ajouter la moitié d'une gousse d'ail écrasée, et cuire encore 1 ou 2 minutes. Verser ensuite dans la poêle 2 carottes coupées en rondelles, 25 cl de bouillon de légumes et une feuille de laurier; mélanger et porter à ébullition. Laisser frémir un quart d'heure ou jusqu'à ce que les légumes soient bien tendres.

■ Laisser légèrement refroidir la soupe pendant quelques minutes. Retirer la feuille de laurier. Passer la soupe à la moulinette classique ou au mixer. Relever avec du sel de régime et du poivre puis mélanger une poignée de coriandre fraîche ciselée.

Saumon grillé, roquette et tomate
(pour 1 personne)

■ Badigeonner un filet de saumon (env. 175 g) avec un peu d'huile d'olive. Préchauffer une poêle anti-adhésive. Déposer le saumon et le faire griller 4 ou 5 minutes avant de le retourner et de faire cuire l'autre face 3 minutes. Retirer du feu.

■ Assaisonner 60 g de petites tomates grappes avec 1 cuiller à soupe (15 ml) de vinaigrette à l'huile d'olive (maison ou du commerce). Ajouter une poignée de roquette, mélanger et dresser sur un plat de service. Déposer dessus le saumon et servir immédiatement.

Végétarien : remplacez le saumon par un steak ou des croquettes de noix et 25 g de cerneaux de noix. Cuisez le steak de noix en suivant les instructions figurant sur l'emballage. Disposez-le sur la salade de tomates et roquette et parsemez des 25 g de cerneaux de noix.

Menus du 2ᵉ jour

Petit-déjeuner

Mélanger 125 g de fruits frais (par ex. dés de mangue, rondelles de bananes, fraises, framboises ou myrtilles) avec 15 cl de yaourt bio nature et 1 ou 2 cuillers à café rases (5 à 10 ml) de miel.

Déjeuner

1 petite pomme vapeur avec un trait d'huile d'olive
1 cuiller à soupe (15 ml) de purée de pois chiches
1 bol de salade avec un trait de vinaigrette à l'huile d'olive
Quelques cerneaux de noix ou amandes effilées
1 portion de fruit frais

Dîner

Pâtes au poulet sauté (ou tofu) et petits légumes de printemps
1 portion de fruit frais

Collations

60 g de fruits secs (abricots, pruneaux, pêches, mangues, etc.)
Une petite poignée de noix de cajou, cacahuètes ou cerneaux de noix

Pâtes au poulet sauté (ou tofu) et petits légumes de printemps
(pour 2 personnes)

■ Faire chauffer une cuiller à soupe (15 ml) d'huile d'olive extra-vierge dans une poêle et y faire réduire pendant 3 minutes 1 gousse d'ail pressée et 1 petit oignon émincé. Ajouter 85 g de blanc de poulet en morceaux ou de tofu, et poursuivre la cuisson pendant 5 minutes.

■ Faire cuire à la vapeur ou bouillir dans un peu d'eau 85 g de haricots mangetout équeutés, 85 g de bouquets de brocolis et 85 g de petits épinards en branches 3 ou 4 minutes pour qu'ils restent croquants. Égoutter immédiatement.

■ Pendant ce temps, faire cuire 175 g de pâtes au blé complet dans de l'eau bouillante en suivant les instructions figurant sur le paquet. Égoutter et mélanger aux petits légumes et au poulet (ou tofu). Ajouter une petite poignée de feuilles de menthe fraîche ciselées, relever avec du sel de régime et du poivre ; bien mélanger et servir immédiatement.

Menus du 3ᵉ jour

Petit-déjeuner

50 g de müesli avec des fruits et des noix
12,5 cl de lait écrémé ou de yaourt nature

Déjeuner

Soupe brocolis courgettes avec des amandes grillées
Une tranche de pain complet
1 portion de fruit frais

Dîner

Légumes racines grillés au thym
100 g de saumon au court-bouillon OU 60 g de pignons ou de noix grillés

Salade de fruits frais avec 2 cuillers à soupe de yaourt nature

Collations

125 g de fruits frais (clémentines ou mandarines etc.)
Une petite poignée de graines grillées (courge, tournesol ou sésame)

Soupe brocolis courgettes aux amandes grillés
(pour 2 personnes)

■ Faire réduire un petit oignon émincé 5 minutes à feu doux dans 1 cuiller à soupe (15 ml) d'huile d'olive vierge extra. Ajouter 125 g de brocoli en bouquets et 225 g de courgettes en rondelles, couvrir et poursuivre la cuisson 4 ou 5 minutes jusqu'à ce que les légumes deviennent tendres.

■ Lier 1 cuiller à soupe (15 ml) de farine de blé avec un peu d'eau et ajouter aux légumes sans cesser de remuer. Ajouter ensuite 50 cl de bouillon de légumes. Porter à ébullition, en remuant, et laisser frémir doucement 1 ou 2 minutes.

■ Verser la soupe dans un mixer avec un peu de sel à faible teneur en sodium, du poivre noir fraîchement moulu et de la noix de muscade et mixer jusqu'à consistance lisse. Faire griller sous le grill 25 g d'amandes effilées. Verser la soupe dans des bols et parsemer d'amandes.

Légumes racines grillés au thym
(pour 2 personnes)

■ Préchauffer le four à 200 °C/6 pour le gaz. Préparer les légumes : éplucher 1 petite patate douce et la débiter en triangles ; éplucher un panais et le couper en quatre ; éplucher 1/4 de ruta-baga et le couper en triangles ; éplucher 1/2 courge musquée et la débiter en tranches épaisses. Disposer dans un grand plat à four.

■ Parsemer une gousse d'ail pressée, quelques brins de thym, un peu de sel à faible teneur en sodium et du poivre noir fraîchement moulu. Arroser avec 1 ou 2 cuillers à soupe (15 à 30 ml) d'huile d'olive et retourner délicatement les légumes pour les enduire.

■ Faire griller au four pendant 30 à 40 minutes jusqu'à ce que les légumes deviennent tendres.

Menus du 4ᵉ jour

Petit-déjeuner

45 g de pétales de son (ou autres céréales complètes)
recouverts d'une couche de rondelles de banane
et arrosés de 12,5 cl de lait écrémé ou demi-écrémé

Déjeuner

La moitié d'un avocat
Salade verte mélangée, tomates, poivron jaune et radis
85 g de crevettes cuites décortiquées OU 2 cuillers à soupe (30 ml)
de purée de pois chiches

Dîner

Dinde (ou tofu) aux légumes sautés et noix de cajou
2 cuillers à soupe bombées (30 ml) de riz brun cuit

Collations

1 pot de yaourt nature bio auquel vous ajoutez 3 abricots secs émincés
1 portion de fruit frais

Dinde (ou tofu) aux légumes sautés et noix de cajou
(pour 2 personnes)

- Faire chauffer 1 cuiller à soupe (15 ml) d'huile d'olive dans un wok ou une sauteuse antiadhésive. Ajoutez 125 g de blanc de dinde coupé en lamelles OU de tofu coupé en dés de 1 cm et faire sauter 3 ou 4 minutes. Retirer de la poêle. Ajouter un petit oignon émincé, 1 cuiller à café (5 ml) de gingembre frais râpé et 1 gousse d'ail pressée puis faire revenir 2 minutes.

- Ajouter 85 g de bouquets de brocolis, 85 g de haricots verts fins équeutés et 1 courgette en rondelles puis faire revenir pendant encore 2 ou 3 minutes.

- Ajouter 125 g de germes de soja, 1 cuiller à soupe (15 ml) d'eau, 1 cuiller à soupe (15 ml) de sauce de soja allégée et continuer la cuisson pendant encore une minute. Incorporer la viande ou le tofu ainsi que 60 g de noix de cajou et servir.

Menus du 5ᵉ jour

Petit-déjeuner

Étaler un peu d'huile d'olive et de miel sur une tranche de pain complet
1 portion de fruit frais

Déjeuner

Salade verte aux fines herbes et aux noix
150 g de cabillaud cuit à la vapeur ou grillé
OU 60 g de purée de pois chiches
125 g de fruits frais

Dîner

Lentilles épicées aux légumes et à la coriandre
2 cuillers à soupe bombées (30 ml) de riz brun cuit
225 g de légumes à la vapeur (carottes, brocolis, courgettes, haricots verts)

Collations

1 pot (125 g) de yaourt nature avec un peu de miel (facultatif)
2 crackers au seigle avec 2 cuillers à soupe (30 ml) de cottage cheese

Lentilles épicées aux légumes et à la coriandre
(pour 2 personnes)

■ Faire chauffer 1 ou 2 cuillers à soupe (15 à 30 ml) d'huile d'olive dans une poêle à fond épais et faire fondre un oignon émincé pendant 5 minutes. Ajouter une gousse d'ail écrasée, 1/2 cuiller à café (2,5 ml) de cumin en poudre et 1 cuiller à café (5 ml) de coriandre en poudre, poursuivre la cuisson 1 minute.

■ Ajouter 85 g de lentilles rouges, 40 cl de bouillon de légumes et 2 carottes coupées en dés. Porter à ébullition. Couvrir et faire mijoter pendant environ 20 minutes, ajouter 125 g de petits pois surgelés 5 minutes avant la fin de cuisson.

■ Incorporer 1 cuiller à soupe (15 ml) de jus de citron et un peu de sel à faible teneur en sodium. Pour finir, ajouter une petite poignée de coriandre fraîchement émincée.

6 Entretien

Félicitations, vous arrivez au terme de ce programme de six semaines. Nous espérons que vous avez atteint vos objectifs et que vous êtes satisfaite du résultat.

Persévérez

Au cours de ces six semaines vous vous êtes familiarisée avec de nouveaux exercices, et vous avez adopté de nouvelles habitudes alimentaires et physiques. Mais ce programme ne s'arrête pas sous prétexte que l'on arrive à la fin du livre. Accordez-vous une petite pause – je suggère d'une semaine – et fixez-vous de nouveaux objectifs. Vous pouvez soit recommencer ce programme, soit inclure certains exercices dans un programme d'entraînement et de nutrition à plus long terme pour entretenir vos jolies jambes et votre bon état général.

Respectez les principes suivants :

■ Essayez d'effectuer trois fois par semaine un entraînement CV complet d'au moins 20 minutes.

■ Variez les activités autant que possible pour augmenter les calories brûlées, stimuler votre motivation et réduire les risques de traumatismes.

■ Contrôlez votre fréquence cardiaque ou utilisez la MEP pour être sûre que votre corps fournit en permanence un effort - pour garantir que ce que vous faites est suffisant à chaque exercice.

■ Essayez de faire les exercices de tonification des jambes deux fois par semaine. Choisissez l'un des six entraînements du présent ouvrage et essayez de varier les exercices autant que possible.

■ Essayer de vous ménager au moins une journée d'interruption entre les entraînements.

■ Relisez les « conseils » du chapitre III pour ne pas prendre de mauvaises habitudes.

■ Continuer de manger intelligemment – relisez les conseils du chapitre IV et basez-vous sur les menus et suggestions proposées.

Tous mes vœux et bonne chance !

Index